Property of:

_____

_____

_____

_____

_____

Beginning Date:_____

Ending Date: _____

Book number: _____

Notes:

Date:_____

Balance:

Notes and Such

Date:_____

Balance:

Notes and Such

Date:_____

Balance:

Notes and Such

Date:_____

Balance:

Notes and Such

Date:_____

Balance:

Notes and Such

Date:_____

Balance:

Notes and Such

Date:_____

Balance:

Notes and Such

Date:_____

Balance:

Notes and Such

Date:_____

Balance:

Notes and Such

Date:_____

Balance:

Notes and Such

Date:_____

Balance:

Notes and Such

Date:_____

Balance:

Notes and Such

Date:_____

Balance:

Notes and Such

Date:_____

Balance:

Notes and Such

Date:_____

Balance:

Notes and Such

Date:_____

Balance:

Notes and Such

Date:_____

Balance:

Notes and Such

Date:_____

Balance:

Notes and Such

Date:_____

Balance:

Notes and Such

Date:_____

Balance:

Notes and Such

Date:_____

Balance:

Notes and Such

Date:_____

Balance:

Notes and Such

Date:_____

Balance:

Notes and Such

Date:_____

Balance:

Notes and Such

Date:_____

Balance:

Notes and Such

Date:_____

Balance:

Notes and Such

Date:_____

Balance:

Notes and Such

Date:_____

Balance:

Notes and Such

Date:_____

Balance:

Notes and Such

Date:_____

Balance:

Notes and Such

Date:_____

Balance:

Notes and Such

Date:_____

Balance:

Notes and Such

Date:_____

Balance:

Notes and Such

Date:_____

Balance:

Notes and Such

Date:_____

Balance:

Notes and Such

Date:_____

Balance:

Notes and Such

Date:_____

Balance:

Notes and Such

Date:_____

Balance:

Notes and Such

Date:_____

Balance:

Notes and Such

Date:_____

Balance:

Notes and Such

Date:_____

Balance:

Notes and Such

Date:_____

Balance:

Notes and Such

Date:_____

Balance:

Notes and Such

Date:_____

Balance:

Notes and Such

Date:_____

Balance:

Notes and Such

Date:_____

Balance:

Notes and Such

Date:_____

Balance:

Notes and Such

Date:_____

Balance:

Notes and Such

Date:_____

Balance:

Notes and Such

Date:_____

Balance:

Notes and Such

Date:_____

Balance:

Notes and Such

Date:_____

Balance:

Notes and Such

Date:_____

Balance:

Notes and Such

Date:_____

Balance:

Notes and Such

Date:_____

Balance:

Notes and Such

Date:_____

Balance:

Notes and Such

Date:_____

Balance:

Notes and Such

Date:_____

Balance:

Notes and Such

Date:_____

Balance:

Notes and Such

www.ingramcontent.com/pod-product-compliance
Lightning Source LLC
Chambersburg PA
CBHW020437220526
45464CB00002B/749